POR QUÉ NOS GUSTA EL TENIS

BLACK RABBIT BOOKS

AIDAN WHITCOMB

TABLA DE CONTENIDOS

1

El nacimiento del tenis

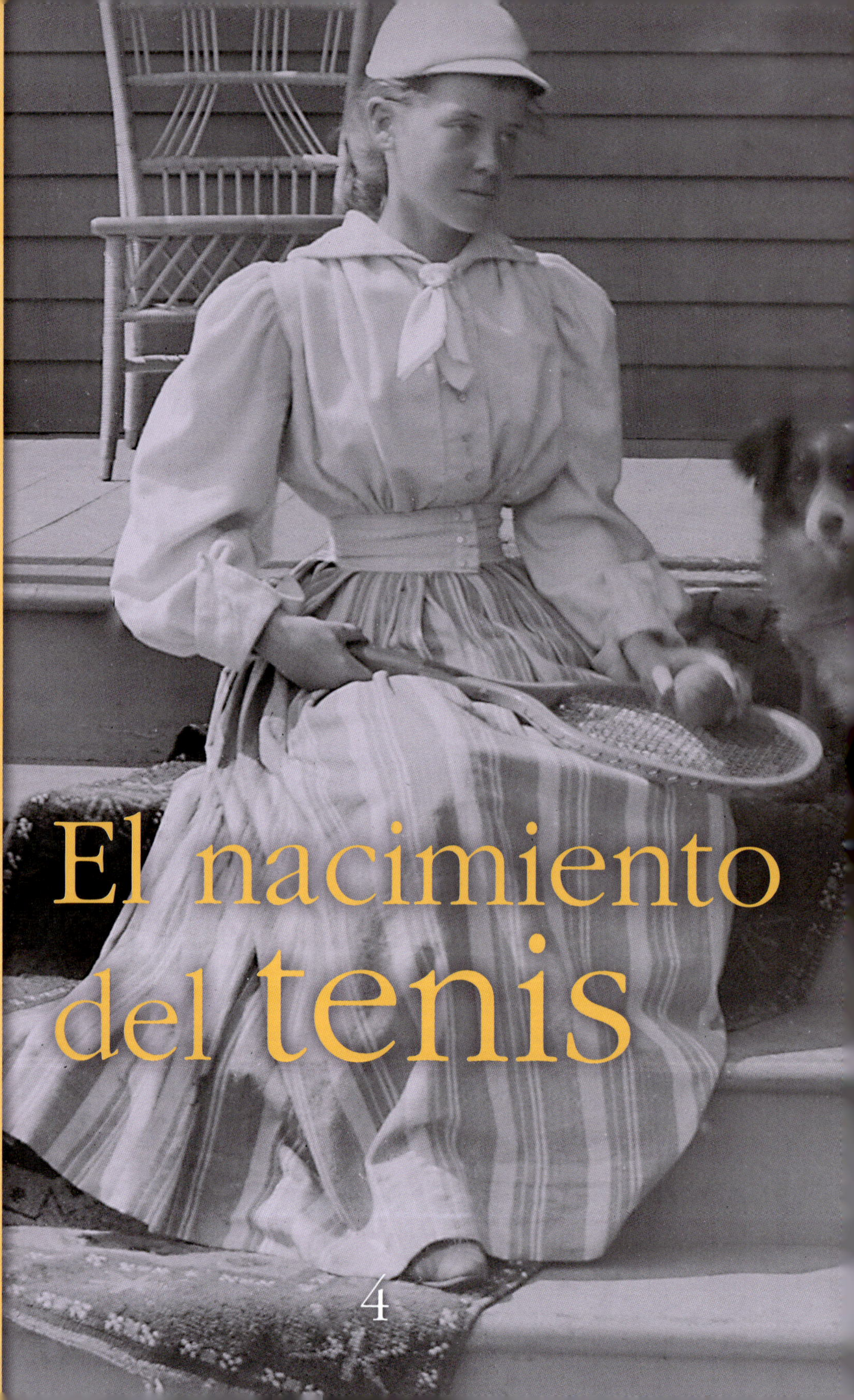

El tenis es un deporte antiguo. Comenzó en Inglaterra. El primer libro de reglas del tenis se creó en 1873. Poco después, el deporte se extendió a los Estados Unidos. A la gente le encantó el nuevo deporte. El tenis tuvo muchos aficionados desde el principio.

Con el tiempo, el tenis atrajo a más seguidores. Hoy en día, es el cuarto deporte más visto en el mundo. ¡Tiene alrededor de 1,000 millones de aficionados! A los aficionados les encantan los tiros emocionantes y los peloteos.

¿Sabías que...?
Más de 23 millones de estadounidenses han jugado al tenis.

2

Billie Jean King

Grandes leyendas del tenis

6

Hay muchas leyendas del tenis. Billie Jean King y Rod Laver fueron estrellas en las décadas de 1960 y 1970. ¡Fueron dominantes! Estos jugadores tenían muchos aficionados.

Serena Williams es una de las mejores jugadoras de la historia. ¡Ganó el 85 por ciento de sus partidos en su carrera! También hay muchas leyendas en el tenis masculino. ¿Quién es el GOAT? La mayoría diría que Novak Djokovic. Roger Federer y Rafael Nadal también son excelentes. Los aficionados llamaban a estos tres jugadores los "Tres grandes".

Piensa en esto

¿Qué habilidades hacen que los jugadores de tenis sean los mejores?

Novak Djokovic

3

Roger Federer

En el partido

Un partido de tenis ofrece una experiencia única para los aficionados. Durante el partido, es importante que los aficionados guarden silencio. Esto es una muestra de respeto hacia los jugadores. Los jugadores necesitan estar concentrados. Los partidos cerrados son tensos. ¡Al final de un peloteo, la multitud estalla en aplausos!

Los jugadores aman a sus aficionados. El apoyo los ayuda a superar un partido largo. Después de los partidos, algunos jugadores firman autógrafos. Algunos también se toman fotos. Muchos **torneos** grandes también organizan eventos especiales para los aficionados.

¿Sabías que...?
Más de 1 millón de aficionados asistieron al Abierto de EE. UU 2024.

Rafael Nadal

4

Torneos de Grand Slam

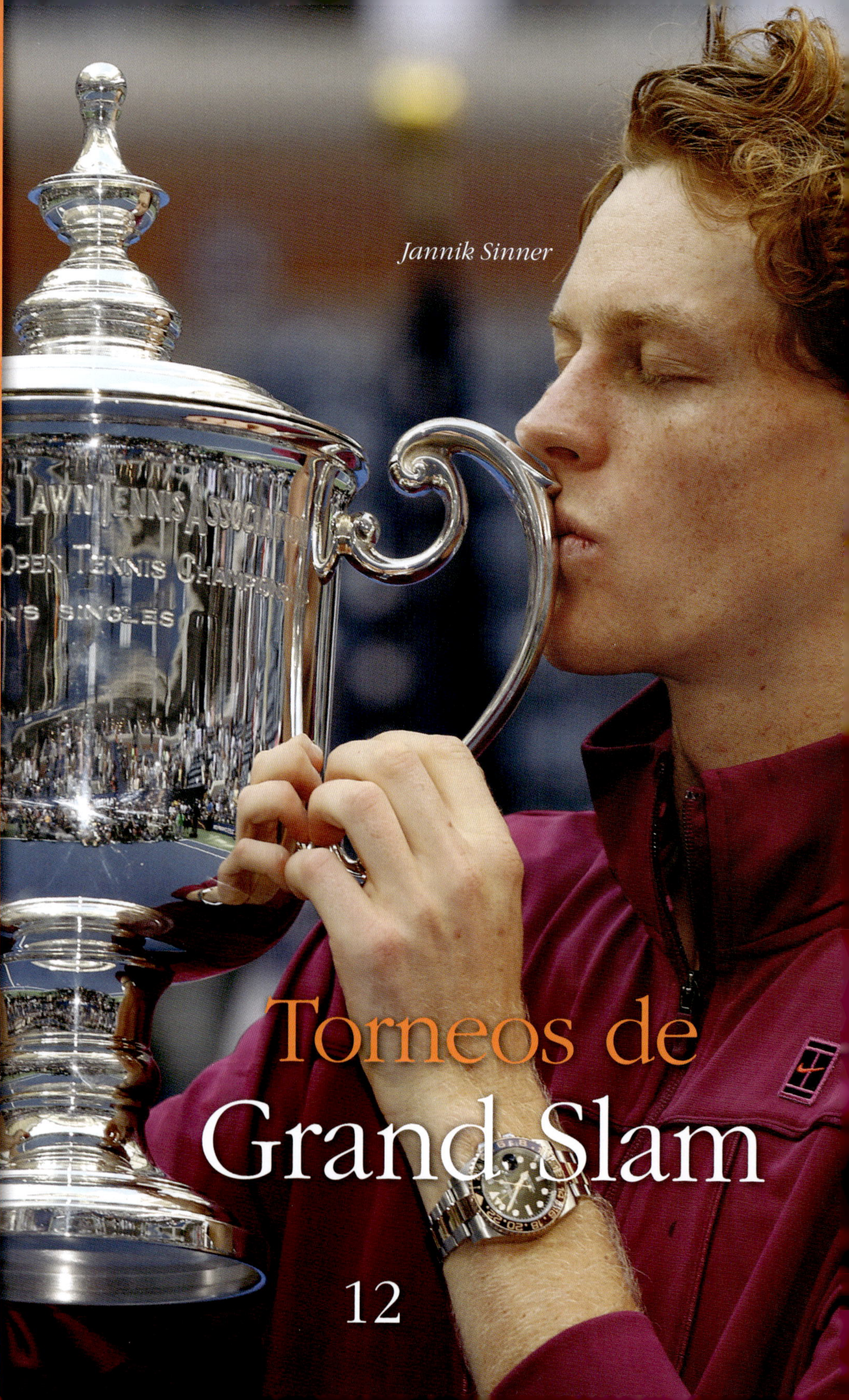

Jannik Sinner

Los torneos más importantes se llaman Grand Slam. Cada año hay cuatro torneos de Grand Slam. Son el Abierto de Australia, Roland Garros, Wimbledon y el Abierto de EE. UU. Estos torneos emocionan mucho a los aficionados. Los Grand Slam tienen la mayor cantidad de jugadores y los premios más grandes.

Los Grand Slam son apasionantes. Suele haber muchas **sorpresas**. Algunos aficionados disfrutan cuando ganan los menos favoritos. Otros apoyan a los mejores jugadores. Las finales suelen ser entre los mejores del tenis.

¿Sabías que…?

El Abierto de EE. UU. 2024 otorgó USD 75 millones en premios.

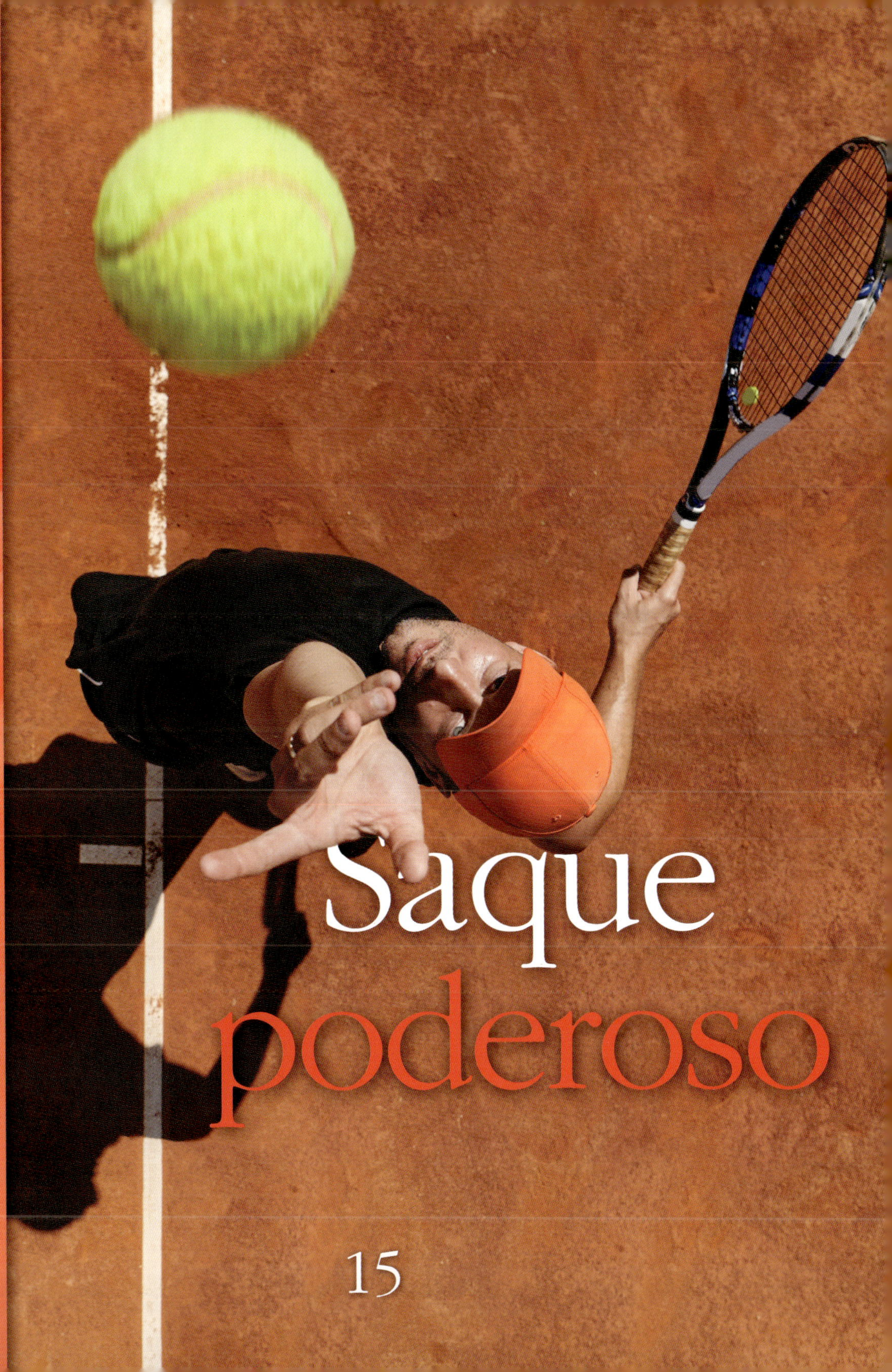

5

Saque poderoso

Cada punto de tenis comienza con un saque. A los aficionados les encanta ver a los jugadores sacar con la máxima potencia. La multitud celebra los **aces**. Ha habido muchos grandes sacadores. Serena Williams fue una de ellos. Su saque era rápido y constante.

Otro sacador increíble fue John Isner. ¡Podía sacar a más de 140 millas (225 kilómetros) por hora! A otros jugadores les costaba devolver su saque. Tiene el récord de más aces. Los aficionados quedaban asombrados por su potencia y velocidad.

Serena Williams

Piensa en esto

¿Crees que es mejor tener un saque poderoso o grandes habilidades para devolver el saque?

Alexander Zverev

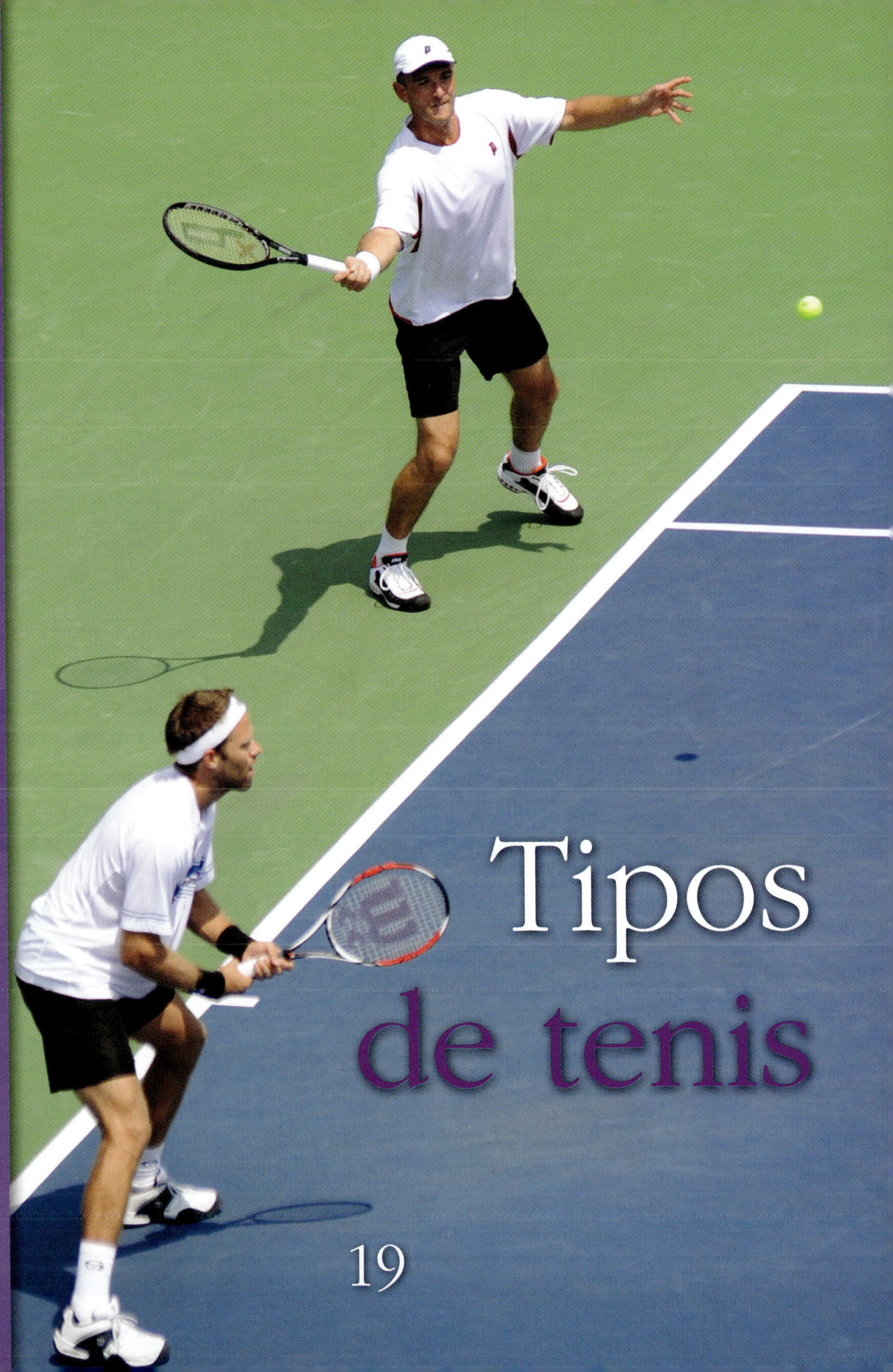

6

Tipos de tenis

El tenis se puede jugar en individuales. Esta es la forma más común de tenis. También se puede jugar con un compañero. El tenis en dobles es rápido y dinámico.

El tenis también se juega en diferentes superficies. Se juega en canchas duras, de césped y de arcilla. En distintas partes del mundo hay diferentes tipos de canchas. Los jugadores adaptan su estilo de juego en cada superficie. A los aficionados les gustan todos los tipos de tenis.

Cancha de arcilla

Cancha de césped

Cancha dura

MÁS PARA EXPLORAR

DATOS FANTÁSTICOS

Las pelotas de tenis eran negras o blancas hasta 1972.

¡El partido de tenis profesional más largo duró 11 horas y 5 minutos!

Hay alrededor de 270,000 canchas de tenis en los Estados Unidos.

El Abierto de Estados Unidos fue el primer torneo de Grand Slam en pagar igual a hombres y mujeres, a partir de 1973.

Solo cinco jugadores ganaron un "Grand Slam de calendario", es decir, los cuatro torneos de Grand Slam en el mismo año.

Iniciado en 1877, Wimbledon es el torneo de tenis más antiguo.

MÁS PARA EXPLORAR

COMPARACIONES INTERESANTES

¿Qué jugadores han ganado más títulos de Grand Slam en individuales?

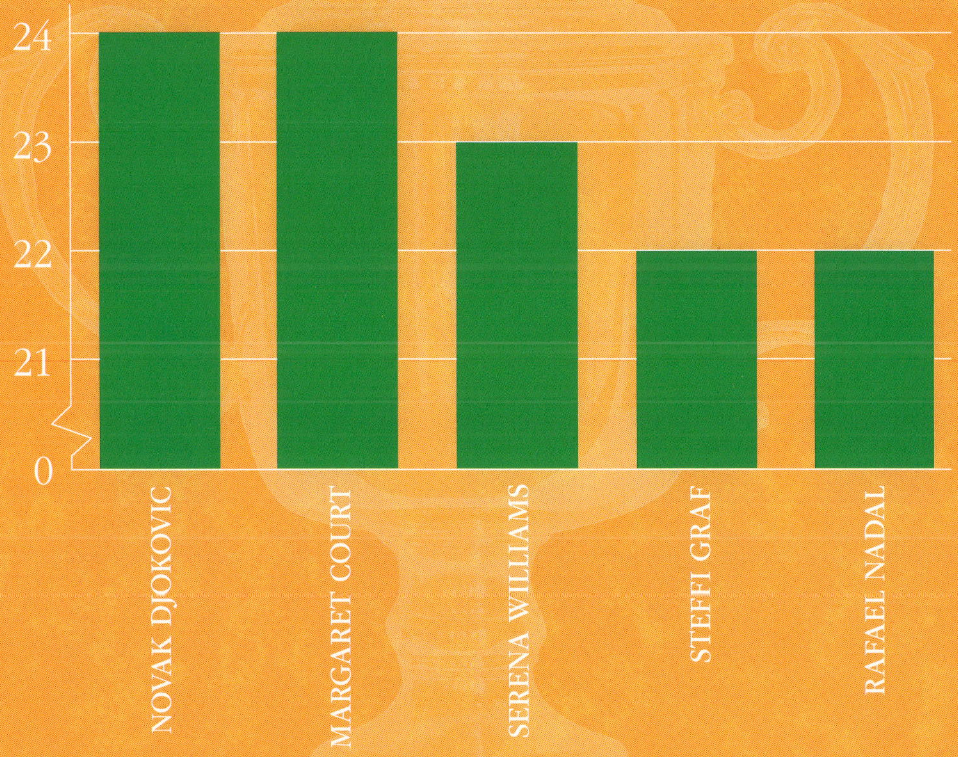

MÁS PARA EXPLORAR

RECURSOS

Glosario

ace Un punto ganado con un saque que el oponente no logra devolver.

dominante Más importante, poderoso o exitoso que los demás.

GOAT Una persona que es excelente o la mejor en su disciplina. GOAT significa "Greatest of All Time" (el mejor de todos los tiempos).

partido Una serie de juegos disputados para determinar un ganador.

peloteo Una serie continua de golpes de un lado a otro entre los jugadores.

sorpresa Una competencia ganada por una persona o equipo que se esperaba que perdiera.

torneo Una serie de competiciones entre varios equipos que culmina con un único ganador.

Índice alfabético

TOP RANK es publicado por Black Rabbit Books, P.O. Box 227, Mankato, MN, 56002.

• Top Rank un sello de Black Rabbit Books • Diseño de Danny Nanos • Fotografías © Alamy Stock Photo/Cal Sport Media, cover, 1; Dreamstime/Gavril Margittai, 17, Gerald T. Coli, 6, Luis Louro, 20, Paul Maguire, 21, Steve Mann, 21, Zhukovsky, 13, 23; Getty Images/Kirn Vintage Stock, 4–5, Marcelo Endelli, 2, 7, Robert Szaniszlo/NurPhoto, 18, Sarah Stier, 12–13; Shutterstock/by.LO, cover, 1, dotshock, 15, Khorzhevska, 14, Leonard Zhukovsky, 8–9, 11, nito, 5, nopparada samrhubsuk, 16, Peyker, 5, Rena Schild, 19, salajean, 10 • Impreso en India.

Library of Congress Cataloging-in-Publication Data: Names: Whitcomb, Aidan, author. | Title: Por qué nos gusta el tenis / by Aidan Whitcomb. | Other titles: Why we love tennis. Spanish | Description: Mankato, MN: Top Rank, an imprint of Black Rabbit Books, 2026. | Series: Por qué nos gustan los deportes | Includes index. | Audience: Ages 8–11 | Audience: Grades 2–3 | Identifiers: LCCN 2024054658 (print) | LCCN 2024054659 (ebook) | ISBN 9781644669815 (library binding) | ISBN 9781644669952 (paperback) | ISBN 9781645824510 (ebook) | Subjects: LCSH: Tennis—Juvenile literature. | Classification: LCC GV996.5 .W46618 2026 (print) | LCC GV996.5 (ebook) | DDC 796.342—dc23/eng/20241224 ILC record available at https://lccn.loc.gov/2024054658